LE MONSTRE
ET LE MAGICIEN,

MÉLODRAME FÉERIE EN TROIS ACTES,

A GRAND SPECTACLE,

PAR MM. MERLE ET ANTONY;

Musique de M. ALEXANDRE, Ballet de M. CORALY, Décors de Mrs. LEFEBVRE et TOMKINS;

REPRÉSENTÉ, POUR LA PREMIÈRE FOIS, A PARIS, SUR LE THÉATRE DE LA PORTE SAINT-MARTIN, LE 10 JUIN 1826.

SECONDE ÉDITION.

PRIX : 1 FR. 50 C.

A PARIS,

CHEZ BEZOU, LIBRAIRE,

SUCCESSEUR DE M. FAGES,

AU MAGASIN DE PIÈCES DE THÉATRE,

Boulevard St.-Martin, No. 29, vis-à-vis la rue de Lancry.

1826.

PERSONNAGES.	ACTEURS.
ZAMETTI, célèbre alchimiste vénitien du 16e. siècle...........	M. *Ménier.*
OLBEN, vieillard aveugle, père de Janskin et de Cécilia...........	M. *Defrêne.*
JANSKIN, chef d'une bande de Bohémiens, fils d'Olben........	M. *Gemma.*
PIETRO, domestique de Zametti..	M. *Pierson.*
ANTONIO, fils de Zametti, enfant âgé de six ans.............	Mlle. *Charlotte Bordes.*
PETRUSCO, Bohémien.........	M. *Hérét.*
LE MONSTRE, personnage muet.	M. *Cooke.*
CÉCILIA, fille d'Olben, amante de Zametti...................	Mme. *Dorval.*
LE GÉNIE de la Roche noire.....	M. *Dugy.*
BOHÉMIENS, BOHÉMIENNES.	
VILLAGEOIS, VILLAGEOISES.	
DOMESTIQUES DE ZAMETTI.	
SBIRES.	

La scène se passe dans le 16e. siècle, sur les bords de l'Adriatique, à peu de distance de Venise.

De l'Imprimerie de J.-S. CORDIER fils, rue Thévenot, n°. 8.

LE MONSTRE

ET LE MAGICIEN,

MÉLODRAME FÉERIE EN TROIS ACTES.

ACTE Ier.

Le Théâtre représente une sombre forêt. A droite, au troisième plan, au milieu d'un massif d'arbres touffus, près d'une caverne, est un sarcophage antique, à moitié détruit, et entouré de broussailles épaisses. A gauche, au premier plan, est un quartier de roche sur lequel on peut s'asseoir.

SCÈNE PREMIÈRE.

JANSKIN, PETRUSCO, Bohémiens des deux sexes.

(*La fin de l'ouverture a peint un orage. Au lever du rideau le tonnerre gronde, et l'on voit briller les éclairs à travers le feuillage épais de la forêt. Le Théâtre est dans la plus profonde obscurité. Janskin s'avance lentement et avec précaution, à la tête de ses Bohémiens. Il semble chercher sa route*).

PETRUSCO.

Quel orage épouvantable !

JANSKIN.

Oui, il nous a surpris assez mal-à-propos. Mais de pauvres diables de Bohémiens tels que nous doivent-ils se plaindre du temps qu'il fait ? Nous sommes habitués à braver la pluie et la tempête.

(*Les Bohémiens font halte un moment : quelques-uns d'entr'eux vont s'asseoir près du sarcophage qui est à droite*.

PETRUSCO.

Où sommes-nous ?

JANSKIN, *regardant autour de lui.*

Je n'en sais trop rien encore.... (*Un éclair brille ; à sa lueur, Janskin aperçoit le sarcophage : il s'élance vers ceux qui sont assis à l'entour.*) Le monument de la forêt!.... Retirez-vous de là, malheureux!...

PETRUSCO.

Pourquoi donc ?

JANSKIN.

Pourquoi ?..... pourquoi ?..... Ce lieu est un lieu maudit.....

(*Tous les Bohémiens font un mouvement de terreur; ceux qui entouraient le monument s'en éloignent aussitôt.*)

PETRUSCO, *d'une voix émue.*

Et dis-nous donc, Janskin,.... est-ce ici que nous allons nous arrêter?

JANSKIN.

Non. Moi, je reste; mais, vous, partez. Allez m'attendre au rond-point de la Roche noire, non loin de la chaumière d'Olben.

PETRUSCO.

Ah! ah! le vieil aveugle; c'est entendu; mais, toi, pourquoi ne viens-tu pas avec nous ?

JANSKIN.

Encore des questions!.... (*brusquement.*) J'attends ici quelqu'un. (*Aux Bohémiens.*) Allez-vous-en, et prenez bien garde d'être surpris par les sbires de Venise; vous savez qu'ils ne sont pas de nos amis. Allez !

(*Sur l'ordre de Janskin, les Bohémiens s'éloignent. Ils disparaissent.*)

SCÈNE II.

JANSKIN, *seul.*

Bizarre destinée que la mienne! Fils d'un des riches habitans du Tyrol, je ne suis plus que le chef d'une bande de malheureux Bohémiens. Voilà le fruit de ma conduite passée! Après avoir réduit mon père à la misère, j'ai couru le monde, et partout, jouet du sort et des hommes, je n'ai commencé à être un peu plus tranquille que lorsque j'ai quitté la classe des dupes, pour entrer dans celle.... dirai-je des fripons?.... Ce sont de ces mots qu'on ne se dit pas à soi-même. Quoiqu'il en soit, je suis las de ma position présente. Il faut que je me réconcilie avec mon vieux père. De retour dans mon pays, j'ai appris qu'il l'avait quitté depuis un an, et qu'aidé des secours de Zametti, mon ancien compagnon d'études, mon meilleur ami, il était venu s'établir avec ma sœur dans ces contrées, non loin du golphe Adriatique. Je l'ai revu ce cher Zametti; il aime Cécilia, il veut l'épouser : cet hymen secondera mes projets. Au milieu de la joie générale, je me présenterai à mon père. Il ne pourra me refuser mon pardon, et alors adieu pour jamais aux nomades que je commande. Je veux faire une fin d'honnête homme. Cependant je ne suis pas sans inquiétude. Zametti, livré depuis sa jeunesse aux funestes travaux des Paracelse, des Albert-le Grand et des Faustus, a de coupables espérances. Il doit se rendre aujourd'hui dans cette sombre forêt, et je sais dans quel dessein.. . Il faut que je l'arrête sur les bords de l'abîme.... On vient de ce côté.... Serait-ce déjà lui?... Voyons....

(*Janskin regarde du côté où il entend le bruit, et se met un moment à l'écart.*)

SCÈNE III.

JANSKIN, ZAMETTI, PIETRO.

(*Pietro, une cassette sous le bras, entre le premier; il paraît saisi de la plus vive frayeur.*)

PIETRO.

La vilaine forêt! comme il y fait noir!... Je n'ai pas une goutte de sang dans les veines..... (*A son maître.*) Ah! Seigneur, quelle pensée vous a fait quitter le château pour venir....

ZAMETTI, *sombre et préoccupé.*

Tais-toi!

PIETRO.

Il nous arrivera malheur....

ZAMETTI.

Paix! te dis-je. (*Montrant le quartier de roche.*) Pose là cette cassette.

PIETRO, *tremblant.*

Oui, Monsieur.

JANSKIN, *à part.*

C'est lui-même. (*Il sort de l'endroit où il s'était caché.*)

ZAMETTI, *entendant le bruit des pas de Janskin.*

(*A voix basse.*) Quelqu'un est près de nous..... (*Haut, d'une voix menaçante.*) Qui est là?

JANSKIN, *s'approchant tout-à-fait.*

Un ami.

ZAMETTI.

Janskin! (*Avec trouble.*) Qui t'a conduit ici?

JANSKIN.

Le désir de te voir et de te parler.

ZAMETTI.

Le moment est mal choisi. . . . Eloigne-toi.

JANSKIN.

Non, je reste.

ZAMETTI.

Dans quel dessein ?

JANSKIN.

Tu vas le savoir. (*Il fait à Pietro signe de s'éloigner.*)

PIETRO, *ne le comprenant pas.*

Plaît-il ?

JANSKIN, *brusquement.*

Laisse-nous.

PIETRO.

Et où voulez-vous que j'aille ?

JANSKIN.

Plus loin de nous.

PIETRO, *à part.*

Hum! celui-ci a une figure bien digne du lieu où nous sommes. . . . . (*Nouveau geste de Janskin.*) J'obéis, j'obéis. . . . (*Il remonte la scène et se promène au fond. On le perd quelquefois de vue.*)

ZAMETTI, *à Janskin.*

Que me veux-tu ?

JANSKIN.

Dans la position où je me trouve, je ne puis te voir qu'en secret et pour peu d'instans encore. Ainsi donc, je vais me hâter de m'expliquer sans détour. La première fois que je me suis présenté devant toi, je n'ai pu t'entretenir que de mes infortunes passées et de mes futures espérances. . . . Cependant, ton air souffrant et distrait m'avait frappé. . . . Depuis j'ai pris des informations. . . . je t'ai suivi dans tes travaux sans que tu t'en doutasses . . . . et je sais tout.

ZAMETTI.

Quoi donc ?

JAMSKIN.

Ecoute, Zametti. Tu dois te souvenir que les mêmes études ont occupé notre jeunesse ; j'ai cherché comme toi le grand œuvre ; pour découvrir la pierre philosophale, j'ai brûlé dans mes fourneaux plus de charbon qu'on ne peut en faire en un an dans la Forêt Noire : chimie, alchymie, astrologie judiciaire, j'ai tout étudié; mais, en somme, après m'être bien noirci les mains et fatigué les yeux, je me suis convaincu que le mieux était de prendre les hommes comme ils sont, le temps comme il vient, et l'argent pour ce qu'il vaut. Toi, plein d'une ambition qu'irritait chaque succès nouveau, tu es arrivé au dernier terme de la science. Science fatale! déplorables talens! ils causeront ta ruine, et peut-être la nôtre.

ZAMETTI.

Que veux-tu dire?

JANSKIN.

Cet être que l'enfer a formé.

ZAMETTI

O ciel! Quoi? tu saurais.....

JANSKIN.

Tout. Vois ces lieux mystérieux et terribles...... Nous les avons bien souvent visités ensemble dans notre jeunesse... Dès-lors tu formais de présomptueux désirs, et dès-lors ta voix osait interroger le Génie de ce funèbre asile. Tes vœux sont accomplis à moitié..... mais crois-moi, Zametti, arrête-toi dans ta course audacieuse.....

ZAMETTI.

Que me demandes-tu?

JANSKIN.

Ton propre salut; mon bonheur, celui de ma sœur et de mon père.

ZAMETTI.

Je ne puis revenir sur mes pas.

JANSKIN.

Veux-tu donc ta ruine et la nôtre?

ZAMETTI.

Après tant de travaux pénibles....

JANSKIN.

Contente-toi d'être le plus savant des hommes, et n'en deviens pas le plus coupable. Ami, de toi dépend mon sort, celui de mon père, de Cécilia....

ZAMETTI.

Cécilia!....

JANSKIN.

Tu l'aimes, et son amour est égal au tien. Demain tu dois la conduire à l'autel... Votre hymen assure le repos de la vieillesse de mon père, et met un terme à mes malheurs. Dans quelques jours nous ne formerons plus qu'une seule famille, et notre bonheur sera ton ouvrage. Je connais ton âme grande et généreuse; jamais aucun vil calcul n'a dirigé tes pensées; ami de tous les malheureux, ta fortune est la leur; partout on te bénit, on t'aime; ton fils unique, fruit d'un premier mariage, confié aux soins de Cécilia, répète avec amour le nom de son père..... Tout rit à tes désirs..... Pourquoi n'es-tu pas content de ton sort? pourquoi veux-tu pénétrer un mystère que le ciel a sagement caché à la faiblesse des hommes?

ZAMETTI.

Ma tâche doit s'accomplir. Mes travaux réclament un résultat inoui. Je ne laisserai pas mon ouvrage imparfait. Le Génie de ces lieux va bientôt m'accorder un esclave soumis à mes volontés. Bientôt, peut-être, je vais assurer à Cécilia, ainsi qu'à moi-même, des siècles de gloire et de félicité.

JANSKIN.

Mon ami, je t'en conjure, abandonne tes funestes projets. Il en est temps encore.....

ZAMETTI.

Laisse-moi!

JANSKIN.

Au moins, attends, pour les exécuter, que tu sois uni à ma sœur.....

ZAMETTI.

Quel motif?.....

JANSKIN, *d'une voix imposante.*

Les vertus de Cécilia te protégeront alors contre le courroux du ciel.....

ZAMETTI.

Eh bien!.... Oui..... il se peut.....

JANSKIN.

Jure-moi de rentrer à l'instant même à ton château.

ZAMETTI.

A l'instant!

JANSKIN.

Il le faut!

ZAMETTI.

Qu'exiges-tu?

JANSKIN.

Je t'en supplie!.... Je l'exige au nom de l'amitié et du salut de tous.

(Bruit extérieur. Piétro accourt auprès d'eux.)

PIETRO.

Un homme s'avance de ce côté.

ZAMETTI.

Ciel !

SCÈNE IV.

Les Mêmes, PETRUSCO.

PETRUSCO, *à Janskin, d'une voix qu'une course rapide semble avoir altérée.*

Des sbires sont à notre poursuite. Nos camarades m'envoyent vers toi. Tu connais tous les détours de cette forêt. Viens, capitaine, viens te mettre à notre tête et diriger notre marche.

JANSKIN.

Funeste contretemps !

PETRUSCO.

Hâte-toi.

JANSKIN.

Quelque dangereux que soit mon devoir, je le remplirai jusqu'au dernier moment. Mes pauvres camarades m'ont remis le soin de leur salut; leur confiance ne sera pas trompée. Je te laisse, Zametti; jure-moi de quitter à l'instant ces lieux.

ZAMETTI, *hésitant.*

Eh bien, oui.....

JANSKIN.

Je te verrai ce soir; j'espère te convaincre. Adieu.

(Janskin presse la main de Zametti, et s'éloigne rapidement avec Petrusco.)

SCÈNE V.

ZAMETTI, PIETRO.

PIETRO, *à part, suivant des yeux Janskin.)*

Cet homme, malgré sa mine étrange, m'a l'air d'un assez bon enfant, et je n'aurais pas été fâché qu'il restât avec nous.. Hélas! je crains toujours quand je suis seul avec mon maître, de voir apparaître tout-à-coup quelque horrible sorcier...

ZAMETTI, *sortant des réflexions où il a paru être plongé pendant quelque temps.*

Janskin aurait-il raison? et dois-je craindre, en effet, que Cécilia.. Cécilia! amante adorée, c'est pour assurer à jamais ton bonheur et le mien que je voudrais posséder un tel secret. Cependant les terreurs de Janskin ont peut-être quelque réalité... remettons à un autre jour ma dernière tentative... (*à Piétro.*) Allons, viens, retirons-nous..

PIETRO, *remettant la cassette sous son bras.*

De tout mon cœur.

(*Il font quelques pas pour s'éloigner Tout-à-coup Zametti s'arrête. Il paraît un moment irrésolu, puis il descend rapidement la scène*)

ZAMETTI, *à lui-même.*

Non, je ne puis! un désir impérieux m'entraîne. Repoussons de vaines terreurs... si près du but où j'aspire, m'en éloigner peut-être pour jamais!... L'effort est impossible...

PIETRO, *à part.*

Ah! mon dieu, qu'a-t-il donc maintenant?

ZAMETTI, *à lui-même.*

La faveur que je sollicite, peut causer ma ruine... Mais, si je la garde pour moi seul, où sera le crime? Qu'aurai-je à redouter?.. Rien... Mystérieux trésor, je t'obtiendrai, et du moins mes travaux ne seront pas restés sans récompense.. Oui, c'est décidé!.. (*s'élançant vers Piétro et lui arrachant la cassette des mains.*) Donne, Piétro!..

PIETRO, *effrayé.*

Bonté du Ciel! Monsieur, qu'allez-vous faire?

ZAMETTI, *ouvrant la cassette.*

Va-t-en!

PIETRO.

Non, mon cher maître, non, je ne puis.. vous avez sans doute quelque mauvais dessein... de grâce, partons ensemble...

ZAMETTI, *sortant de la cassette plusieurs instrumens cabalistiques.*

Eloigne-toi!..

PIETRO.

Depuis plusieurs jours l'état où je vous vois m'inquiète... vos gémissemens continuels, vos sombres regards..

ZAMETTI, *d'une voix terrible.*

Pars, te dis-je...

PIETRO.

Mon cher maître, au nom de ce que vous avez de plus cher...

ZAMETTI.

Reste donc!

(Il étend le bras vers Pietro ; à ce geste, Pietro reste immobile dans la position où il se trouvait. Le mouvement et la parole lui sont ravis. Zametti commence ses conjurations. Le tonnerre gronde, l'éclair brille, un bruit souterrain se fait entendre. Un cercle de feu entoure Zametti).

ZAMETTI, *d'une voix imposante.*

Génie que j'ai soumis à ma puissance, obéis à ma voix!..

(Tonnerre, éclairs.)

SCÈNE VI.

ZAMETTI, PIETRO, UN GÉNIE.

A la voix de Zametti, le bruit souterrain augmente. Le tonnerre et les éclairs redoublent, le Monument s'ébranle: au milieu des flammes qui l'entourent, un génie apparaît.

LE GÉNIE, *d'une voix sombre, un vase à la main.*

Que me veux-tu ?

ZAMETTI.

Tu le sais. Ce vase que tu tiens renferme le prix de mes efforts.

LE GÉNIE.

Insensé! qu'exiges-tu de moi.

ZAMETTI.

Donne!

LE GÉNIE.

Je sais à quelles bisarres espérances ta présomption s'est livrée. Mais tremble, malheureux!

ZAMETTI.

Ne crains rien pour moi... Donne, je le veux.

LE GÉNIE, *donnant le vase à Zametti.*

Prends donc ; je dois t'obéir. Ton bonheur est passé sans retour ; tu ne me reverras plus. Adieu!

(Tonnerre, éclairs. Le génie s'abyme au milieu des flammes. En ce moment Pietro reprend ses sens ; il apperçoit le monument qui éclaire encore une lueur livide, pousse un cri

d'épouvante, et s'enfuit. Zametti, maître du vase mystérieux, s'éloigne, saisi à-la-fois de joie et d'une horreur profonde.)

SCÈNE VII.

Le Théâtre change, et représente une galerie du château de Zametti. Dans le fond, un large escalier conduit au laboratoire de Zametti; la porte et les fenêtres de ce laboratoire sont praticables; on voit briller la lune à travers les vitreaux. A droite et à gauche, des portes conduisent à divers appartemens, des siéges, etc. Une table à l'avant-scène.

CÉCILIA, ANTONIO.

(*Au changement, Cécilia entre en scène par le côté gauche du Théâtre; de l'autre, est le jeune Antonio, endormi dans un fauteuil.*)

CÉCILIA.

J'ai vu mon frère, mon malheureux frère; il connaît, m'a-t-il dit, un moyen sûr de ramener le calme dans l'ame de Zametti. Puisse-t-il réussir, et puisse mon père lui rendre toute sa tendresse! (*jetant les yeux sur Antonio.*) Mon petit Antonio s'est endormi: ah! que rien ne trouble son repos! en me voyant inquiète de l'absence de son père, il voulait adoucir mes peines... cher enfant! Bientôt tu pourras m'appeler ta mère; qu'il me sera doux d'en remplir tous les devoirs!... (*le sommeil de l'enfant paraît troublé par un rêve pénible.*) Mais, grand Dieu! qu'a-t-il? .. (*elle se lève et court vers lui.*) Qui peut l'agiter ainsi? Antonio! Antonio!..

ANTONIO, *se réveillant en sursaut, et se levant brusquement en poussant un cri.*

Mon père!... (*regardant Cécilia qui le presse dans ses bras.*) Ah! c'est toi, bonne amie? Oh! j'ai eu bien peur, va!

CÉCILIA.

Quoi donc?

ANTONIO.

J'ai fait un rêve affreux.

CÉCILIA, *souriant.*

Un rêve? et quel est-il?

ANTONIO.

Il te fera aussi peur qu'à moi, si je te le raconte.

CÉCILIA.

Peut-être : mais, voyons....

ANTONIO.

Eh ! bien, il me semblait que nous étions dans le laboratoire de mon père, où tu sais que ni toi, ni moi, ni personne, nous n'avons jamais pu entrer. J'étais assis, sur tes genoux, et tu m'embrassais bien fort, bien fort, et mon père m'embrassait aussi. Tout-à-coup un grand homme, qu'il était impossible de regarder sans trembler d'effroi, est entré, s'est avancé vers nous, m'a pris dans ses bras, et il a voulu me tuer. Toi et mon père vous êtes venus à mon secours ; mais il t'a renversée à ses pieds, et mon père et lui ont disparu aussitôt. Voilà mon rêve, bonne amie. Il est bien triste, n est-ce pas ?

CÉCILIA, *émue malgré elle au récit d'Antonio, d'une voix un peu altérée.*

Oui... oui, sans doute... (*s'efforçant de sourire.*) Mais, mon cher Antonio... ce n'est qu'un rêve..

ANTONIO, *gaîment.*

Oh! je n'y crois pas, sois en bien sûre.. Eh! qui voudrait me faire du mal ?

CÉCILIA, *l'embrassant.*

Cher enfant !

SCÈNE VIII.

CÉCILIA, ANTONIO, OLBEN.

CÉCILIA.

Ah! voici mon père. (*Elle va au-devant de lui et guide ses pas.*)

ANTONIO, *courant près du vieillard.*

Mon vieil ami!

OLBEN, *embrassant Antonio.*

Bonjour, bonjour, mon enfant. (*A Cécilia.*) Eh bien. ma fille, Zametti n'est donc pas encore de retour?

CÉCILIA, *avec un soupir.*

Pas encore.

OLBEN.

La nuit s'approche. Il est temps de regagner notre chaumière.

CÉCILIA.

Oh! mon père, attendons encore...

ANTONIO.

Oui, encore un petit moment.

OLBEN.

J'y consens. Mais le retard de Zametti m'inquiète. Que fait-il? qui peut le retenir à cette heure? Hélas! depuis quelque temps, que l'étude l'a changé! il n'est avec nous que bien rarement, et quand on lui parle, il vous répond à peine; lui, autrefois si gai, si aimable!

CÉCILIA.

Ses travaux l'absorbent tout entier; il faut excuser...

OLBEN.

Sans doute, et c'est parce que je l'aime beaucoup, que je me plains de l'état où il est. Ses richesses, qui, si j'en crois le bruit répandu dans ces cantons, viennent d'une source coupable, ses richesses n'ont point décidé de mon choix. Ses vertus seules m'ont fait consentir à votre hymen.

CÉCILIA.

Et il sera pour vous le plus tendre et le meilleur des fils.

OLBEN.

Il me consolera de celui que j'ai perdu, et dont je dois haïr la mémoire.

CÉCILIA.

O mon père, Janskin vous aimait tant aussi!

OLBEN.

Il a causé ma ruine.

CÉCILIA.

S'il se présentait devant vous, vos bras pourraient-ils lui rester fermés?

OLBEN.

S'il se présentait... mais cela est impossible.. (*on frappe trois coups à une porte latérale.*) On frappe.

CÉCILIA.

C'est peut-être Zametti.

ANTONIO.

Oh! oui, oui, c'est mon père! (*il suit Cécilia qui va ouvrir la porte. Janskin paraît.*)

SCÈNE IX.

Les Mêmes, JANSKIN.

(*A la vue de Janskin l'enfant pousse un cri d'effroi.*)

ANTONIO.

Ah!

CÉCILIA, *à voix basse.*

Janskin!

JANSKIN, *apercevant Olben.*

Dieu! mon père!

(*Il veut s'élancer vers le vieillard; Cécilia l'arrête.*)

OLBEN.

Qui est donc là? Antonio a paru effrayé...

CÉCILIA, *faisant signe à Antonio de se taire.*

Mon père, ce n'est pas un étranger, c'est une personne attachée au château.

OLBEN.

Ah! bien... (*Il s'assied, et prend dans ses bras Antonio qui s'est rapproché de lui après avoir marqué à Cécilia qu'il ne la démentira pas.*)

CÉCILIA, *vivement et à voix basse à Janskin.*

Que viens-tu faire ici?

JANSKIN, *idem à Cécilia.*

J'ai voulu te parler et calmer sur-le-champ tes craintes. J'ai vu Zametti. Grâce à mes conseils, à mes prières, il n'exécutera pas, je l'espère, un projet que je ne puis t'expliquer. Mais demain, qu'il te conduise à l'autel; un jour de plus, peut-être il sera trop tard.

CÉCILIA.

Quel mystère!..

JANSKIN.

Je ne puis t'en dire davantage en ce moment. Mes gens m'attendent; quelques dangers les menacent encore. Demain, à la pointe du jour, trouve-toi au rond-point de la Roche-Noire. je t'y attendrai. Adieu.. avant de partir, que je voudrais embrasser mon père!...

OLBEN.

Eh! bien, Cécilia, nous apporte-t-on enfin des nouvelles rassurantes?

CÉCILIA, *faisant signe à Janskin de s'approcher.*

Oui, mon père; vous pouvez être tranquille.

(*Elle prend la main de son père, sur laquelle Janskin s'incline en la baisant avec tendresse*).

OLBEN.

Chère enfant, tu parais cependant vivement émue; j'ai cru sentir sur ma main une larme...

(Janskin se relève; en faisant un geste de douleur et de tendresse. Entraîné par sa sœur, il va sortir. Un grand bruit se fait entendre.)

SCÈNE X.

CÉCILIA, ANTONIO, OLBEN, PIÉTRO.

(Piétro entre, Janskin passe rapidement devant lui et disparaît.)

PIÉTRO.

C'est le diable! ou plutôt c'est ce chef de...

CÉCILIA, *vivement et à voix basse à Piétro.*

Silence!..

PIETRO, *à lui-même.*

Allons, c'est un parti pris, tout le monde m'impose silence aujourd'hui.

OLBEN, *à Cécilia.*

Est-ce en effet Piétro?

PIÉTRO.

Oui, Seigneur Olben, c'est bien moi.

CÉCILIA.

Où as-tu laissé ton maître?

PIÉTRO.

Dans la forêt.

CÉCILIA.

Dans la forêt!

PIÉTRO.

Oui; et, ma foi, dussé-je être roué de coups, il faut que je vous raconte la plus terrible aventure qui ait jamais pu effrayer un honnête homme. Imaginez-vous qu'après avoir fait je ne sais combien de lieues dans cette forêt, asile sans doute, de tous les magiciens et de toutes les sorcières du pays, nous sommes arrivés dans un endroit où il est impossible d'y voir clair, même en plein jour.

(En ce moment Zametti, entouré d'un manteau, pâle, les cheveux en désordre, paraît sur le seuil de la porte. Quatre domestiques portant des torches sont entrés avant lui.)

SCÈNE XI.

Les Mêmes, ZAMETTI, *quatre domestiques portant des flambeaux.*

PIETRO, *continuant son récit.*

Tout à coup j'ai vu tout comme je vous vois...

ZAMETTI, *d'une voix menaçante.*

Paix!

PIETRO, *sans voir son maître.*

Encore! *(l'aperçevant)*. Ah! miséricorde!... *(à Zametti)*. Je me tais, monsieur, je me tais!..

CÉCILIA, *allant au-devant de Zametti.*

C'est vous enfin, mon ami!

ZAMETTI.

Mon père!...

OLBEN.

Cher Zametti, vous vous êtes bien fait attendre!

ZAMETTI, *après avoir embrassé son fils.*

Pardon, pardon, mon père... Et vous, ma Cécilia... des affaires importantes m'ont retenu plus longtemps que je ne croyais... Je suis désespéré...

OLBEN.

Vous voilà, et tout est oublié. Mais de grâce, prenez plus de soin de votre santé, et n'inquiétez plus ainsi vos amis. *(A voix basse.)* Vous savez, et les bruits qui se sont répandus sur vos travaux mystérieux, et à quelle condition je vous ai accordé la main de ma fille. Brisez les instrumens d'une science réprouvée, et alors je serai tranquille sur votre avenir. Je vous attendais. Est-ce toujours demain, comme nous en étions convenus, que je vous nommerai mon fils?

ZAMETTI, *très-vivement, saisissant la main de Cécilia.*

Oui, oui, demain, demain!...

OLBEN.

C'est chez moi que se fera votre mariage; c'est un point décidé. Vous aurez pris ma Cécilia sous le chaume, et vous n'oublierez jamais que vous l'avez aimée pour elle-même. Adieu, mon ami. Vous savez combien vous m'êtes cher. Votre généreuse tendresse a soutenu mes vieux jours; je vais vous devoir plus encore, le bonheur de ma fille. Songez à nous, je vous en conjure; que cette nuit soit tout entière consacrée au repos. Mon petit Antonio va venir avec moi, n'est-ce pas?

ANTONIO.

Bien volontiers.

CÉCILIA.

Mon père, je vous suis à l'instant.

OLBEN, *pressant la main de Zametti.*

Adieu, adieu.

(*Zametti embrasse son enfant. Olben, Antonio, Piétro et deux domestiques, s'éloignent.*)

SCÈNE XII.

ZAMETTI, CÉCILIA, deux Domestiques.

(*Cécilia qui avait remonté la scène avec les autres personnages, revient sur ses pas.*)

CÉCILIA.

Un mot, mon ami, et je vous laisse.

ZAMETTI.

Que voulez-vous, chère Cécilia?

CÉCILIA.

Vous avez vu mon frère?

ZAMETTI, *fort troublé.*

Comment!..

CÉCILIA.

Il me l'a dit : mais ne craignez rien; il ne m'a pas confié vos secrets. Aujourd'hui, je veux bien les respecter encore. (*souriant.*) Mais demain n'oubliez pas que vous ne devrez plus en avoir pour votre femme.

ZAMETTI.

Ah! croyez que la nécessité seule...

CÉCILIA.

Je ne vous demande rien, et je ne veux pas avoir ce soir la moindre explication. Mais croyez-en le conseil de mon père : prenez enfin du repos. Vos traits sont altérés par tant de veilles pénibles. O mon ami, soyons-nous désormais l'un pour l'autre, l'unique et la plus douce étude!

ZAMETTI.

Chère Cécilia!..

CÉCILIA.

Songez-y bien; si ma tendresse et mes soins ne pouvaient dissiper cette tristesse profonde et cette noire mélancolie... qu'en ce moment même, je remarque encore sur votre visage, je croirais alors que vous ne m'aimez plus; cette pensée empoisonnerait ma vie, et bientôt, mon ami, vous auriez perdu votre Cécilia.

ZAMETTI.

Que dites-vous?.. Ah! plutôt mille fois mourir que de vous affliger un moment!.. Vous exigez que j'abandonne mes travaux?.. Eh! bien, je veux vous obéir. A compter de demain, ce laboratoire est fermé pour jamais; je me rends tout entier à ma Cécilia. Heureux possesseur d'un objet adoré, aucune pensée qui lui soit étrangère, ne viendra distraire mon amour.

CÉCILIA.

Vous m'en faites la promesse?.. Je dois, je veux y croire.. Je retourne auprès de mon père. *(souriant en lui tendant la main.)* Adieu, mon ami; à demain.

ZAMETTI, *baisant la main de Cécilia.*

Demain je commence une existence nouvelle.

CÉCILIA.

Songez à votre serment... Adieu!

(Elle sort avec les deux domestiques, Zametti qui la voit s'éloigner à regret, la suit jusqu'à la porte. Resté seul, il redescend lentement la scène.)

SCÈNE XIII.

ZAMETTI, *seul.*

(A la fin de la scène précédente, la nuit est tout-à-fait venue. Le théâtre n'est éclairé que par une lampe placée sur la table à l'avant-scène. La musique peint un orage qui s'élève.)

Oui... je l'ai juré... demain... demain... Mais cette nuit me reste... Pourquoi se sont-ils éloignés? j'avais besoin de leur présence. Faudra-t-il donc laisser incomplette une telle entreprise? après tant d'années de travaux, maître d'un pouvoir si extraordinaire, le verrai-je donc s'éteindre sans fruit entre mes mains? *(d'un doigt désignant le laboratoire)*. L'objet de mon épreuve est là... Si je réussissais... *(Faisant un pas et s'arrêtant)*. Mais ces malheurs dont on m'épouvante! un pouvoir jaloux du mien, veut peut-être, en m'effrayant, s'opposer à mon triomphe?... Oui... cela est possible... *(Pluie et tonnerre)*. Voilà une horrible nuit! Le sifflement des vents se mêle aux roulemens du tonnerre, et la pluie tombe par torrens... Un tel projet exigerait en effet une pareille nuit... *(Prenant la lampe)*. Allons, pour la dernière fois... mais pas d'imprudence!... pas d'acte présomptueux!... (*S'arrêtant encore, après un moment de silence.*) Oui.... allons!

(*Il monte l'escalier et entre dans le laboratoire. Pendant ce temps on voit entrer par une des portes latérales, Piétro une lampe à la main.*)

SCÈNE XIV.

ZAMETTI, *dans le laboratoire*, PIÉTRO.

PIETRO, *en entrant.*

Mon maître n'est pas rentré dans son appartement; je parierais qu'il est encore dans son laboratoire, au milieu de ses creusets, de ses alambics, et de toute la batterie de cuisine du diable. Cependant il faut qu'il se lève de bon matin, et mademoiselle Cécilia m'a bien recommandé... (*Il se heurte en passant contre un siége, il laisse tomber sa lampe qui s'éteint.*) Ah! mon dieu! me voilà seul et sans lumière! que vais-je devenir?... (*Une flamme bleuâtre paraît à l'une des croisées du laboratoire.*) Ciel! qu'est-ce que c est que ça? je grille de le savoir... Je ne me suis jamais senti tant de courage... c'est bon signe... Approchons...

(*Il monte l'escalier et regarde par l'une des croisées. Une explosion soudaine se fait entendre. La flamme bleue devient rouge.*)

ZAMETTI, *dans le laboratoire.*

Qu'ai-je fait? qu'ai-je fait?

PIETRO, *descendant l'escalier en tremblant de tous ses membres, et tombant par terre.*

Que vois-je?..... Malheureux! c'est fait de moi!..... (*Se relevant, et s'enfuyant à toutes jambes.*) Je suis mort! au secours! au secours!

SCÈNE XV.

ZAMETTI, *seul.*

(*Il sort du laboratoire, ferme la porte avec effroi, et descend précipitamment les escaliers.*)

Quel monstre l'enfer m'a-t-il livré? Il respire! son regard s'est fixé sur moi!... O ciel! quelle œuvre ai-je accomplie! quel objet d'horreur! et c'est pour arriver à ce résultat fatal que je me suis privé du repos? une lumière affreuse a pénétré dans mon ame... Déjà ma punition commence ; déjà tout me dit que j'ai mérité les chàtimens du ciel !.... (*Il écoute.*) Tout est tranquille... le monstre est peut-être rentré dans le néant !.. S'il se pouvait !.. Oh ! non, aucun mortel ne pourrait supporter sa présence.... et c'est moi !.... Misérable que je suis !.... Olben, mon fils, chère Cécilia, je n'oserai plus m'approcher de vous !.. Je suis perdu, perdu pour jamais !

(*Il tombe accablé dans un fauteuil.*)

SCÈNE XVI.

ZAMETTI, LE MONSTRE.

(*La porte du laboratoire s'ouvre avec fracas, et comme forcée par le Monstre. Arrachée de ses gonds, elle brise la rampe de l'escalier et tombe sur le théâtre.*)

(*Le Monstre, enveloppé d'un grand manteau, paraît à la porte du laboratoire, au milieu d'une flamme rouge. Il s'élance sur le théâtre, s'approche de Zametti et met sa main sur lui.*)

ZAMETTI, *se levant épouvanté.*

Grand Dieu ! c'est lui !....

(*Le Monstre regarde attentivement Zametti et s'approche une seconde fois. Zametti recule devant lui.*)

ZAMETTI.

Monstre, ne m'approche pas ; retire-toi ou crains ma vengeance !..... Non, non, tu ne sortiras pas de ces lieux.

(*Zametti tire son épée, et veut en percer le Monstre ; celui-ci la lui arrache des mains, la brise, et disparaît dans un abîme qui s'est ouvert tout-à-coup.*)

Fin du premier acte.

ACTE II.

Le Théâtre représente une autre partie de la forêt qu'on a vue au premier acte. Un rocher à droite dans le fond.

SCÈNE Ire.

JANSKIN, Bohémiens et Bohémiennes.

Au lever du rideau, Janskin est assis sur l'un des côtés de la scène. Les Bohémiens sont rangés autour d'un grand feu au-dessus duquel est suspendu un chaudron. Quelques-uns sont endormis; d'autres jouent et boivent. Le Théâtre est à moitié obscur.

JANSKIN, *à lui-même.*

Cécilia ne peut tarder à venir.... Encore quelques heures, et j'ose l'espérer, la malédiction de mon père ne pèsera plus sur moi.... Mon père! hier soir, il ne se doutait pas que c'était la main de son fils qui serrait si tendrement la sienne. Oh! j'aurais donné ma vie pour le presser sur mon cœur.... Ce moment n'est que différé. Mais Zametti! hélas! s'il eût accompli son funeste projet, tout espoir était perdu pour nous; heureusement mon amitié a prévenu son audace : j'ai reçu sa promesse. Il épouse aujourd'hui ma sœur; cette union le préservera de tous les dangers auxquels devait l'exposer sa présomption fatale.

SCÈNE II.

Les Mêmes, PÉTRUSCO.

PÉTRUSCO.

Enfin, je suis de retour. (*donnant un billet à Janskin.*) Tiens, voilà un billet qu'un habitant du hameau voisin m'a remis pour toi.

JANSKIN, *prenant le billet.*

Il est de Cécilia!... (*lisant.*) » Je ne viendrai pas au rendez-vous que je t'avais donné; je ne peux m'éloigner de mon père; mais je lui ai parlé, j'ai déjà sondé son cœur, et tout me fait espérer qu'aujourd'hui-même il prononcera ton pardon... » (*serrant le billet dans son sein.*) O bonheur! (*à Pétrusco.*) Eh! bien, qu'avons-nous à redouter?

PÉTRUSCO.

Rien. Les Sbires, trompés par mon adresse, ont pris une autre direction : à tout évènement, j'ai laissé deux des nôtres à l'entrée de la forêt; si l'ennemi revenait sur ses pas, nous serions prévenus à temps.

JANSKIN.

Ainsi donc, nous pouvons, sans danger, rester campés dans cette partie du bois... (*aux Bohémiens.*) Mais il vous manque quelques provisions, allez vous les procurer et revenez promptement. (*à Pétrusco*). Ils passeront à se réjouir le reste de la journée.

PÉTRUSCO.

Oui, oui, c'est convenu, partons, dépêchons-nous. (*mouvement pour sortir; à la voix de Pétrusco tout le monde s'arrête.*) Silence, quelqu'un accourt de ce côté.

JANSKIN.

Serait-ce un des nôtres?... viendrait-il nous prévenir que les Sbires...

PÉTRUSCO.

Non, c'est un homme de ce pays.....

JANSKIN.

Je ne me trompe pas, c'est le valet de Zametti; il paraît effrayé; que signifie.....

SCÈNE III.

Les Précédens, PIÉTRO.

(*Piétro traverse le théâtre en courant, il regarde souvent derrière lui, comme quelqu'un que l'on poursuit et n'aperçoit pas les Bohémiens.*)

PÉTRUSCO, *lui fermant le passage.*

Alte-là!

(*Les Bohémiens entourent Piétro au même instant.*)

PIÉTRO, *s'arrêtant effrayé.*

Ah! bon dieu! c'est fait de moi! grâce, grâce, messieurs les voleurs!

LES BOHÉMIENS, *furieux.*

Voleurs!

PÉTRUSCO.

Nous sommes Bohémiens, entends-tu?

PIÉTRO, *tremblant.*

Oui, oui, Bohémiens, de braves et honnêtes gens, s'il en fut jamais; et j'en suis bien sûr, vous ne voudrez pas faire de mal à un pauvre diable...

JANSKIN, *que Piétro n'a pas encore vu.*

Approche et ne crains rien.

PIÉTRO, *à part.*

Allons, encore lui ! il est décidé que je le retrouverai partout.

JANSKIN.

Approche, te dis-je.

PIÉTRO.

Oui, oui, Monsieur le chef, j'approche, me voilà.

JANSKIN.

Réponds; où allais-tu ?

PIÉTRO.

A la cabane du père Olben, un vieil aveugle qui demeure...

JANSKIN.

Je le sais ; et d'où viens-tu ?

PIÉTRO.

Du château de mon maître.

JANSKIN.

Mais pourquoi cette course précipitée ? Tu paraissais épouvanté ; quel motif.....

PIÉTRO.

Oh ! c'est qu'il y a bien de quoi, je vous assure. Si vous saviez ce qui s'est passé hier soir au château, ce que j'ai vu surtout....

JANSKIN, *à part.*

Grand dieu ! Zametti aurait-il oublié le serment qu'il m'a fait. (*Haut aux Bohémiens.*) Allez, mes amis, vous pouvez vous éloigner.

PIETRO.

Et moi aussi, n'est-ce pas, M. le chef?

JANSKIN.

Non, reste.

PIETRO.

Cependant....

JANSKIN.

Reste, te dis-je ; je veux te parler.

PIETRO, *à part.*

Je veux te parler... Je me passerais bien de la conversation. (*Les Bohémiens se sont éloignés, Pietro et Janskin restent seuls.*)

SCÈNE IV.

JANSKIN, PIETRO.

JANSKIN.

Dis-moi, quand j'ai quitté Zametti la nuit dernière, près du vieux monument de la forêt, s'est-il éloigné sur-le-champ ?

PIETRO.

Non, il est resté.

JANSKIN.

Et qu'a-t-il fait ?

PIETRO.

Ma foi, je ne peux pas vous dire au juste, parce que mon maître a jeté sur moi un sort... il a fait comme ça... et je suis resté delà.

JANSKIN, *à part*.

Le malheureux ! Ah ! je frémis... s'il a pu obtenir... (*haut*). Mais au château que s'est-il donc passé de si effrayant ? qu'as-tu vu ?

PIETRO.

Dam ! j'ai vu... je ne peux pas trop vous dire ce j'ai vu, parce qu'on ne voit pas quand on a peur. Tout ce que je peux dire, c'est que j'ai cru apercevoir dans le laboratoire de mon maître quelque chose d'horrible... c'était une figure... un corps... tenez, dans votre troupe même, où soit dit sans vous blesser, il y a du choix dans ce genre-là, vous n'avez rien vu de si laid que ça.

JANSKIN, *à part*.

Plus de doute ! le malheureux, il s'est perdu... et ma sœur, et mon père... Ah ! puissé-je du moins les soustraire à la funeste influence que Zametti étendrait sur eux.

PIETRO.

Est-ce là tout ce que vous vouliez savoir ? puis-je maintenant...

JANSKIN.

Oui, tu peux t'éloigner ; mais songe à ne rien dire à qui que soit, à Cécilia surtout, de ce que tu as vu au château.. si tu parlais !...

PIETRO.

Ça suffit, Monsieur, dès que vous m'en priez...

(*Il salut et s'éloigne.*)

JANSKIN, *il se retourne et aperçoit Piétro qui s'est arrêté et qui regarde du côté par où il est venu.*

Eh bien, que fais-tu là?

PIETRO.

Pardon, c'est que je crois apercevoir mon maître.

JANSKIN.

Ton maître!

PIETRO.

Oui, c'est lui-même; on dirait qu'il est comme moi et que la peur lui donne des jambes.

JANSKIN, *à part, regardant aussi.*

Le malheureux! dans quel désordre!... dans quel égarement!... Ah! plus de doute, sa punition commence. (*A Piétro qui regarde toujours.*) Eloigne-toi.

PIETRO.

Oui, oui, Seigneur. (*à part.*) Allons vîte chercher les gens de la noce. (*Il s'éloigne vivement par la droite. Zametti, les vêtemens et les cheveux en désordre, arrive par la gauche.*)

SCÈNE V.

JANSKIN, ZAMETTI.

ZAMETTI.

Fuis, fuis, ne m'approche pas... spectre vivant, que me veux-tu? pourquoi t'attacher à mes pas?... Suis-je donc la proie que tu veux dévorer... Oui, c'est moi qui t'ai appelé sur la terre; ce crime est mon ouvrage, c'est à toi de m'en punir... Viens, entraîne-moi dans les enfers dont je t'ai fait sortir, mais que du moins je sois ta seule victime.

JANSKIN, *à part.*

L'infortuné! quel délire! (*Il s'approche de lui.*) Zametti!

ZAMETTI.

Qui m'appèle?

JANSKIN.

C'est moi, c'est Janskin, ton ami.

ZAMETTI.

Malheureux! ne m'approche pas, tu deviendrais le complice du forfait, tu serais comme moi en horreur à la terre, maudit par le ciel, en butte à toutes les tortures que l'enfer me réserve.

JANSKIN.

Reviens à toi, Zametti; malgré ton crime, je sens que la pitié...

ZAMETTI.

De la pitié pour moi! je n'en mérite aucune... ai-je eu moi-même pitié de mes semblables, quand j'ai jeté sur la terre mon exécrable ennemi. Non, le Ciel est juste; depuis le moment fatal où j'ai osé franchir les bornes qu'il impose à l'humanité, son courroux tout entier s'est appesanti sur moi.

JANSKIN.

Il est vrai, Zametti, ton crime est énorme, mais la puissance divine est infinie; peut-être a-t-elle déjà fait rentrer dans le néant le monstre qu'avait appelé sur la terre tes désirs présomptueux.

ZAMETTI.

Non, non, cette nuit... nuit terrible qui me glace d'épouvante... J'avais vu apparaître le monstre... depuis longtemps il avait fui; et son image affreuse me poursuivait partout... éperdu, égaré, je quitte ma demeure; épuisé de fatigue, je tombe à l'entrée de cette forêt; mais à peine vais-je trouver un instant de repos... j'en frémis encore... j'aperçois le monstre qui semblait jouir de mes craintes... on eût dit le génie de la tombe souriant à la destruction.

JANSKIN.

Calme-toi, Zametti; peut-être ton imagination égarée t'a-t-elle entouré de ces prestiges... Tu le vois, tout est tranquile autour de nous.

ZAMETTI.

Oui, pour un moment, mais bientôt... (*écoutant et se retournant avec effroi.*) N'entends-tu pas?... Je crois voir...

JANSKIN.

Non, rien; allons, bannis ces vaines terreurs et écoute le langage de la raison, celui de l'amitié.

ZAMETTI.

De l'amitié! oses-tu donc me conserver la tienne?

JANSKIN.

Je voulais ton bonheur et je le veux encore.

ZAMETTI.

Il n'en est plus pour moi; tout est fini; la mort, la mort

seule que j'appelle, peut mettre un terme aux tourmens affreux qui me dévorent.

JANSKIN.

Que dis-tu? N'as-tu donc de courage que pour faire le mal? es-tu sans force pour le réparer? Tu veux mourir! songes-tu que Cécilia ne pourrait survivre à ta perte; et ton fils, le laisseras-tu sans appui sur la terre?

ZAMETTI, *revenant peu à peu.*

Mon fils! Cécilia! objets chéris, je vous ai perdus, perdus pour toujours.

JANSKIN, *d'un ton solemnel.*

Ecoute : Les destins l'avaient prédit; les vertus de Cécilia devaient te retenir sur les bords de l'abîme; ces mêmes vertus peuvent encore lutter pour toi contre la fatalité; oui, j'ose en concevoir l'espérance; si tu deviens l'époux de ma sœur, sa candeur, son innocence, ses prières désarmeront le courroux céleste, et tu pourras encore compter des jours heureux.

ZAMETTI.

Cher Janskin! quel espoir consolateur fais-tu luire à mes yeux.....

(*On entend la musique des Bohémiens.*)

JANSKIN.

Voici mes Bohémiens qui commencent à se livrer à leurs jeux..... va te préparer à conduire Cécilia à l'autel. Tu te rendras à la cabane de mon père; je ne tarderai pas à t'y rejoindre. Viens, je vais te conduire jusqu'à la lisière du bois. (*Ils sortent.*)

SCÈNE VI.

LE MONSTRE.

(*Il paraît sur les rochers, descend, exprime en pantomime l'effet que la lumière et l'air produisent sur lui. Il aperçoit le feu qui excite son admiration; il veut prendre dans le brasier un morceau de bois allumé, vivement atteint par le feu, il retire sa main, et exprime sa douleur,* etc., etc. *Il entend la musique des Bohémiens, il écoute avec extase, et suit attentivement tous les sons; diverses sensations que la musique produit sur lui,* etc., *il s'éloigne à l'arrivée des Bohémiens.*)

SCÈNE VII.

PETRUSCO, les Bohémiens.

PETRUSCO, *aux Bohémiens.*

Allons, mes amis, en attendant le retour de notre chef, livrons-nous à nos danses et à nos jeux.

BALLET.

SCÈNE VIII.

Les Bohémiens, LE MONSTRE.

(Le Monstre paraît sur le rocher. Cri général ; tout le monde épouvanté se sauve et disparaît.)

SCÈNE IX.

Le Théâtre change et représente l'intérieur de la cabane d'Olben ouverte par le fond. Au 6e. plan, une petite rivière traversée par un pont rustique, au fond, une révolution de montagnes. D'un côté de la cabane, une porte ; de l'autre, une fenêtre.

CÉCILIA, ANTONIO, trois Villageoises.

(Les Villageoises aident Cécilia à terminer sa toilette ; des domestiques de Zametti apportent des présens à Cécilia. Tableau animé.)

CÉCILIA, *à ses compagnes.*

Me voilà prête ; merci, merci, mes bonnes amies.

ANTONIO.

Hé bien, Cécilia, ta toilette est-elle enfin terminée ?

CÉCILIA.

Oui, maintenant Zametti peut venir quand il voudra.

ANTONIO.

Oh ! que tu es jolie avec cette parure ! Mais viens donc voir, que de belles choses !

CÉCILIA.

Oui, en effet, beaucoup trop belles pour moi. Zametti n'a pas tenu sa promesse.

ANTONIO, *aux Villageoises.*

Ah ! ça, prévenez bien tout le monde, entendez-vous, Mesdemoiselles ? c'est pour quatre heures la cérémonie.

UNE VILLAGEOISE.

Soyez tranquille. Il n'y a personne dans le village qui ne veuille être témoin du bonheur de Cécilia.

CÉCILIA.

Antonio, où est ton vieil ami Olben ?

ANTONIO.

Il est allé au-devant de mon père.

CÉCILIA.

Zametti tarde bien à paraître..... (*On entend du bruit.*) Mais, pourquoi ce bruit ?.... Voici Piétro, peut-être il nous dira.....

SCÈNE X.

Les Mêmes, PIETRO.

CÉCILIA.

Eh bien, Piétro, quelle est la cause de ce tumulte ?

PIETRO.

Parbleu, mademoiselle Cécilia, ce sont encore ces damnés de Bohémiens.

CÉCILIA, *vivement.*

Seraient-ils poursuivis ?

PIETRO.

Bien au contraire, Mademoiselle, ce sont eux qui poursuivent; on ne sait pas qui ni quoi, par exemple; mais ils courent.... ils courent.... J'ai de bonnes jambes aussi quand j'ai peur, mais je ne suis pas de cette force-là.

ANTONIO.

Mon père n'arrive pas, je vais aller au-devant de lui jusqu'au bout du sentier.

CÉCILIA.

J'y consens.

ANTONIO.

Allons, adieu. (*aux Villageoises.*) Venez. (*A Cécilia.*) J'espère bientôt te ramener..... ton mari.

(*L'enfant sort avec les Villageoises.*)

SCÈNE XI.

CECILIA, PIETRO.

PIETRO, *à lui-même.*

Son mari !... Oui, croyez cela; je ne sais pas trop maintenant s'il ne s'agira que de mariage.

CÉCILIA.

Eh bien, Piétro, que dis-tu là tout seul?

PIETRO.

Rien, Mademoiselle, absolument rien; je vous prie même de remarquer que je ne vous ai rien dit du tout.

CÉCILIA.

Pourquoi donc cela?

PIETRO.

Vous vous en souviendrez, n'est-ce pas, Mademoiselle? pour que dans l'occasion je puisse vous prendre à témoin.

CÉCILIA.

Sais-tu bien, Piétro, que depuis que tu es arrivé, je te trouve un air de réserve, de mystère.....

PIETRO.

C'est vrai, Mademoiselle; mais c'est que j'ai mes raisons.

CÉCILIA.

Et lesquelles?

PIETRO.

Pardon, j'ai encore mes raisons pour ne pas vous dire mes raisons.

CÉCILIA.

Allons, puisqu'il y a des secrets....

PIETRO.

Oui, et de fameux; mais, tenez, Mademoiselle, je vous en prie, ne me faites pas jaser, j'en ai bonne envie, et si j'avais ce malheur-là, voyez-vous, ça pourrait me compromettre.

CÉCILIA.

Eh bien, je ne serai point indiscrète. Dis-moi, as-tu fait tous les préparatifs de la fête? tout est-il disposé dans le jardin?

PIETRO.

Oui, oui, mademoiselle; les tables, le vin, l'orchestre, tout est prêt; il ne nous manque plus que des danseurs, des buveurs et des musiciens.

CÉCILIA.

Nos amis ne peuvent tarder à arriver.

(*Musique villageoise.*)

PIETRO.

Justement, les voilà.

CÉCILIA.

Va les conduire sous la tonnelle. Je vous rejoins à l'instant.

(Piétro va au-devant des villageois qui passent au fond du théâtre, Cécilia rentre dans sa chambre.)

SCÈNE XII.

LE MONSTRE.

(Le montre aperçoit Cécilia au moment où elle va rentrer dans sa chambre; sa vue fait sur lui la plus grande impression, il la suit avec ravissement, il entr'ouvre la porte et la regarde avec ivresse. Ses yeux se portent sur une glace, il recule d'effroi en voyant son image; il compare sa laideur avec la beauté de Cécilia, il s'en afflige et veut briser cette glace qui lui a fait connaître son malheur. Il s'éloigne à l'arrivée de Janskin.)

SCÈNE XIII.

JANSKIN, ensuite CECILIA.

JANSKIN.

On n'a pu l'atteindre. Dieu veuille qu'il ait fui bien loin de ces lieux, et que tout entier au soin de son salut, il ne puisse apporter parmi nous la terreur et la mort. Une heure encore, s'il ne reparaît pas, Zametti est l'époux de ma sœur, et nous pouvons braver son influence fatale.

CÉCILIA, *sort de sa chambre.*

Mon frère!

JANSKIN.

Chère Cécilia!... dis-moi, Zametti est-il arrivé?

CÉCILIA.

Non, pas encore; mais il ne peut tarder...

JANSKIN, *à part.*

Il devrait être ici! funeste retard!

CÉCILIA.

Qu'as-tu donc, mon ami? tu parais inquiet... Je devine, tu crains que mon père ne résiste à nos prières... Mais tu as reçu mon billet; je te l'ai dit, tout me fait espérer que nous réussirons.

JANSKIN.

Chère Cécilia, mon bonheur est l'unique soin qui t'occupe... Ah! puisses-tu toi-même être bientôt heureuse.

CÉCILIA.

Si tu obtiens ton pardon, quels vœux aurai-je encore à former? je vais être uni à celui que j'aime : mon père jouira enfin d'une existence paisible, tu viendras te fixer auprès de nous, et mon cœur s'applaudira de devoir tant de félicité à l'amour de Zametti.

JANSKIN.

Fasse le ciel que rien ne détruise une si douce espérance!
(On entend dans la coulisse la voix d'Antonio.)

ANTONIO, *en dehors.*

Le voilà! le voilà!

CÉCILIA, *avec joie.*

Zametti!

JANSKIN.

C'est lui!... Bientôt nous n'aurons plus rien à redouter.

CÉCILIA.

Oui, oui, bientôt... Rassure-toi, mon ami.

JANSKIN, *remontant la scène.*

Mon père!... Ah! voici le moment si longtemps attendu.

SCÈNE XIV.

Les Mêmes, OLBEN, ZAMETTI, ANTONIO.

(Olben entre, appuyé sur Cécilia et sur Zametti. Ce dernier a exprimé à Cécilia le plaisir qu'il éprouve de la revoir, et a fait à Janskin un signe d'intelligence.)

OLBEN.

Oui, mes enfans, je n'avais qu'un soutien, maintenant j'en aurai deux.

JANSKIN, *bas à Zametti.*

Tu n'as pas aperçu...

ZAMETTI.

Non, je commence à espérer...

CÉCILIA, *à son père, après avoir fait des signes d'intelligence à Janskin et à Zametti.*

Mon père, voici une personne qui vous demande.

OLBEN.

Moi? que me veut-elle?

CÉCILIA.

Elle vient vous apporter des nouvelles de quelqu'un qui vous est cher, et dont je vous parlais il y a peu d'instans encore.

OLBEN.

Comment, s'agirait-il?..

CÉCILIA.

De votre fils, oui, mon père, c'est de lui que l'on vient vous parler.

OLBEN, *avec un mouvement de joie qu'il cherche à réprimer.*

De mon fils!... il existerait!... Mais que veut-on me dire... Cécilia, où est donc la personne?

JANSKIN, *s'approchant.*

Me voici... Seigneur.

OLBEN.

Est-ce mon fils qui vous envoie?

JANSKIN.

Oui, oui...

OLBEN.

Que veut-il? qu'est donc devenu son orgueil? vous le savez, Zametti; épris d'un art qui ne mérite que le courroux du ciel et le mépris des hommes, il s'éloigna de la carrière de l'honneur, et repoussant mes conseils et mes prières; il causa ma ruine, flétrit mon nom, et me livra comme lui à l'horreur de mes concitoyens, dont il fallut m'éloigner sans retour... Ah! je lui dois tous les malheurs de ma vie. Après un silence de six années, quel motif a-t-il donc pour se souvenir de son père?

JANSKIN, *avec force.*

Ah! jamais, croyez-le bien, jamais il ne l'a oublié, il n'a cessé de le chérir.

OLBEN, *avec surprise.*

Quelle voix!

JANSKIN.

Il a été bien coupable envers vous; mais si vous saviez par combien de maux il a expié ses fautes! par pitié ne lui fermez pas votre cœur, ne repoussez pas ses prières et toute sa vie sera consacrée à réparer ses torts.

OLBEN.

Quoi! seriez-vous...

JANSKIN, *tombant à ses pieds.*

Oui, oui, mon père, votre fils, votre malheureux fils qui vient implorer son pardon ou mourir à vos pieds.

OLBEN, *le repoussant faiblement.*

Grand Dieu! non... ne m'approchez pas, je ne puis...

CÉCILIA.

Mon père, serez-vous inexorable?

ZAMETTI.

N'accorderez-vous rien au repentir? au nom du Ciel, mon père, ne le repoussez pas!

OLBEN, *avec émotion.*

Cécilia, tu m'as trompé... j'avais juré d'être inflexible; mais il est là... je n'ai pas la force de résister, et je n'ai plus qu'à lui tendre les bras.

JANSKIN, *se jetant dans ses bras.*

Mon père!...

OLBEN.

Cruel enfant!... il y a six ans que tu me prives de ce bonheur! (*Janskin et Cécilia sont dans les bras d'Olben.*)

ZAMETTI, *considérant ce tableau de bonheur, à part.*

O mon Dieu! je te rends grâces... veille sur eux, et s'il le faut, prends-moi seul pour victime.

SCÈNE XV.

Les Mêmes, ANTONIO, puis PIETRO et les Villageois.

(*Au commencement de la scène précédente, Antonio s'est éloigné, il est allé rejoindre les villageois. Il revient à la fin de la scène au moment où le Monstre paraît sur le pont. Antonio l'apercoit, pousse un cri affreux. Tout le monde se retourne et vole auprès de lui. Pendant ce mouvement, le Monstre a disparu. Au cri d'Antonio, Piétro et tous les villageois sont accourus.*)

CÉCILIA, *courant à Antonio qu'elle soutient dans ses bras.*

Antonio! grand dieu!

ZAMETTI.

Mon fils!

OLBEN.

Qu'a-t-il?

JANSKIN.

Pourquoi ce cri d'effroi!

PIETRO, *entrant.*

Eh! ben, que lui est-il donc arrivé?

ANTONIO, *encore épouvanté à Cécilia.*

Ah! bonne amie, si tu savais...

CÉCILIA.

Quoi?

ZAMETTI.

Parle, parle, mon ami.

ANTONIO, *toujours à Cécilia qui le tient dans ses bras.*

Tu te souviens... cette figure si effrayante dont je te parlais ce matin... et que j'ai vue dans mon rêve...

CÉCILIA.

Eh! bien?

ANTONIO.

Tout-à-l'heure, lorsque je revenais ici, je l'ai aperçue...

TOUS.

Où donc?

ANTONIO, *montrant le pont.*

Là... là...

ZAMETTI, *à part et dans le plus grand effroi.*

O terreur!

JANSKIN, *à part.*

Se pourrait-il?... (*vivement aux villageois.*) Venez, venez, mes amis, sachons ce qui a pu effrayer Antonio à ce point. (*Janskin, suivi des villageois, sort vivement par le fond, et disparaît un moment. Pendant ce mouvement de sortie, Piétro dit à part en se mettant à l'écart dans un coin.*)

PIETRO, *à part.*

Qu'ils courent! qu'ils courent... je ne suis pas du tout curieux, moi!... j'y ai déjà été pris.

ZAMETTI, *à part.*

Mes forces m'abandonnent... ô ciel! mes affreux pressentimens vont-ils donc s'accomplir!...

CÉCILIA, *à part, examinant Zametti.*

Quel effroi se peint dans ses traits!

OLBEN.

Quelque nouveau malheur nous menacerait-il encore?

ZAMETTI, *vivement et dans le plus grand désordre, saisissant la main d'Olben.*

Oh! non, non, ne craignez rien, mon père...

CÉCILIA, *à part, examinant toujours Zametti.*

Le trouble que je lis dans ses yeux, m'épouvante malgré moi.

OLBEN, *à Zametti à voix basse, le retenant par la main.*

Auriez-vous manqué à vos sermens? et dois-je penser que loin d'abandonner vos coupables travaux...

ZAMETTI, *d'une voix altérée.*

Non, ne le croyez pas...

OLBEN.

Cependant, votre main tremble dans la mienne. (*Le désordre de Zametti est à son comble. Il cherche à s'éloigner d'Olben et à éviter les regards scrutateurs de Cécilia qui, tour-à-tour, l'examine et prodigue ses caresses à Antonio. Janskin reparaît avec les villageois.*)

JANSKIN.

Nous n'avons rien découvert.

ZAMETTI, *les yeux ardemment fixés sur Janskin.*

Rien?

JANSKIN.

Non... (*avec un sourire forcé*). Notre petit Antonio se sera trompé, sans doute.

ZAMETTI, *à part.*

S'il se pouvait!

CÉCILIA.

Oui, oui, cela est probable...

ANTONIO.

Oh! cependant, bonne amie, j'ai bien vu... (*En ce moment on entend dans le lointain l'horloge du village sonner quatre heures.*)

PIETRO, *avec joie.*

Ah! enfin on nous appèle!

OLBEN.

Voici l'heure de la cérémonie, partons.

CÉCILIA, *passant vivement auprès de Zametti et lui serrant la main.*

Mon père, vous allez bénir notre union. (*Mouvement général. Des jeunes filles entourent Cécilia et posent sur son front la couronne de la mariée. Aux sons d'une musique douce et religieuse, Cécilia et Zametti s'inclinent aux pieds d'Olben qui les bénit. Pendant ce temps, le Monstre a reparu sur le pont et s'est caché ensuite. La musique a cessé. Zametti et Cécilia se relèvent.*)

OLBEN, *gaîment.*

Donnez le dernier signal du départ. (*aux villageois.*) Venez, mes amis.

PIETRO.

Allons, je vais me mettre à leur tête. (*Piétro met en ordre les villageois. Olben et Antonio sortent avec eux aux sons d'une musique joyeuse. Cécilia, qui a paru plongée dans ses réflexions, va vivement à Zametti, et l'arrête.*)

CÉCILIA, *à Zametti.*

Avant de marcher à l'autel, je voudrais vous parler un instant. (*Mouvement de Zametti et de Janskin.*)

JANSKIN.

Pourquoi ?...

ZAMETTI.

Chère Cécilia, au nom du ciel, pas un moment de retard !

JANSKIN.

Ma sœur, je t'en supplie, viens...

CÉCILIA, *regardant tour-à-tour Zametti et Janskin.*

Cet entretien est nécessaire.

JANSKIN.

C'est au nom de ton propre bonheur...

CÉCILIA.

Oui, c'est au nom de ce bonheur même que je le demande.

JANSKIN, *emporté malgré lui.*

Si tu pouvais comprendre!...

CÉCILIA.

Quoi donc?

ZAMETTI, *troublé.*

Rien, rien... chère Cécilia, je vous écoute... éloigne-toi, Janskin. (*bas et vivement à Janskin.*) Et comme moi veille sur elle.

(*Janskin, qui paraît vivement contrarié, cède cependant au désir de sa sœur. Il exprime d'un geste ses craintes à Zametti, et s'éloigne par le fond.*)

SCÈNE XVI.

ZAMETTI, CÉCILIA, LE MONSTRE, *caché.*

(*Pendant cette scène, le Monstre n'est pas aperçu des interlocuteurs. Lorsqu'il a vu tout le monde s'éloigner, il est descendu de l'endroit où il s'était placé. Il paraît dans le fond. A l'aspect de Cécilia, ses gestes et ses regards expriment l'effet que les charmes de la jeune fille produisent sur lui. Pendant toute cette scène, Zametti paraît rempli d'inquiétude et d'impatience, et regarde souvent autour de lui.*)

CÉCILIA, *vivement à Zametti.*

Nous voilà seuls, mon ami, et du court entretien que je vous ai demandé, va dépendre peut-être le bonheur de toute ma vie. Avant de vous unir à moi pour jamais, vous me devez la vérité tout entière. Je vous le déguiserais en vain ; le trouble qui vous agite a passé dans mon ame ; mille soupçons cruels la déchirent....

ZAMETTI.

O ciel ! que voulez-vous dire. (*A part.*) Je meurs d'inquiétude.

CÉCILIA.

Vous n'avez pas tenu votre promesse..... Aujourd'hui nul sombre nuage ne devait altérer vos traits..... Demain, me disiez-vous, heureux possesseur d'un objet adoré, nulle pensée qui lui soit étrangère, ne viendra distraire mon amour..... Votre amour ! ah ! mon ami, dois-je y croire encore ?

ZAMETTI.

Ah ! Cécilia, quel mot venez-vous de prononcer ? Moi, avoir cessé un instant de vous aimer, de vous adorer.....

CÉCILIA.

Hélas ! si vous m'aimiez, m'auriez-vous caché une seule de vos pensées ?.... Mais, je ne puis en douter, c'est moi, moi seule, què je dois accuser du trouble où je vous vois. Cause innocente de vos regrets, la pauvre Cécilia n'était pas digne, en effet, d'aspirer au titre de votre épouse..... mais..... il en est temps encore.....

ZAMETTI.

Arrêtez, Cécilia ! je ne vous laisserai pas ajouter un mot de plus..... Grand Dieu ? prenez-vous donc plaisir à déchirer mon cœur !.... Quel temps avez-vous choisi pour me dévoiler vos injustes soupçons ! ah ! ce dernier coup manquait à mon malheur ! Cruelle amie, vous accusez mon amour, quand c'est à vous seule que s'attache mon unique espoir de bonheur !.... Oui, je dois vous l'avouer, un secret terrible pèse sur mon ame ; mais, je le jure en face de ce Dieu qui va recevoir nos sermens, vous le connaîtrez, et vous verrez alors que, loin de rompre les nœuds qui nous unissent, il doit les resserrer encore. En la conduisant à l'autel, je ne récompense pas seulement les vertus de Cécilia.... mon sort dépend d'elle.

CÉCILIA, *les yeux fixés sur ceux de Zametti.*

Quel langage ! et que signifie ?....

ZAMETTI.

Les momens sont précieux. Venez, venez, mon amie!

CÉCILIA.

Je dois croire à votre sincérité..... Oui, vous m'aimez..... en douter plus longtemps serait nous outrager l'un et l'autre. Votre sort dépend de moi, dites-vous : ah! qu'il va donc être heureux!.... Je vous suis.... Retournons auprès de mon père.....

ZAMETTI, *pressant Cécilia dans ses bras.*

Chère Cécilia, à moi!.... à moi, pour jamais!....

(*A la fin de cette scène, le Monstre s'est approché des deux amans. Il admire Cécilia; il la dévore des yeux : en la voyant dans les bras de Zametti, il ne peut retenir plus longtemps son impatience farouche. Il s'élance vers Cécilia, au moment où elle fait un mouvement pour remonter la scène. Elle aperçoit le Monstre qui étend les bras vers elle; elle pousse un cri affreux, et se sauve vers le pont.*)

ZAMETTI.

C'est lui!.... ô désespoir!....

(*Le Monstre veut poursuivre Cécilia. Zametti s'oppose à son passage. Le Monstre le renverse et court vers le pont où il aperçoit Cécilia.*)

ZAMETTI.

Cécilia!.... malheureux Olben! et je suis sans armes!

(*Il va sortir. En ce moment quelques villageois armés paraissent au fond. Zametti saisit le fusil de l'un d'eux, et sort rapidement avec eux du côté par où il croit que le Monstre a fui.*)

SCÈNE XVII.

LE MONSTRE, CÉCILIA, OLBEN.

(*Aux cris de Cécilia, Olben arrive.*)

OLBEN.

Ma fille!... Cécilia!....

(*En ce moment Cécilia que les forces ont abandonnée, tombe dans les bras du Monstre, qui la porte et la remet dans ceux d'Olben, en exprimant sa joie, et en s'abandonnant aux farouches transports que lui cause la vue de la jeune fille.*)

OLBEN, *reconnaissant Cécilia.*

Chère Cécilia ! elle ne me répond pas.

(*Elle revient à elle, aperçoit le Monstre et se jette dans les bras de son père, en jettant un cri d'effroi.*)

SCÈNE XVIII.

Les Mêmes, ZAMETTI, PIETRO, ANTONIO, Villageois, Villageoises, Bohémiens.

(*En cet instant, Zametti accourt armé d'un fusil, ajuste le Monstre, tire et le blesse grièvement. Celui-ci pousse un hurlement effroyable, se livre à toute sa rage, et, prenant un morceau de bois enflammé dans le foyer, met le feu à la chaumière. Bientôt les flammes s'élancent de toutes parts; en vain on cherche à arrêter leur fureur, l'incendie est général. Olben semble ne pouvoir échapper aux flammes qui l'entourent, et contre lesquelles Janskin lutte vainement. Zametti enlève son amante et son fils. Dans le fond, le Monstre s'applaudit de son triomphe, en montrant sa blessure. Tableau général; la toile tombe.*

Fin du Deuxième acte.

ACTE III.

Le Théâtre représente un salon. Le fond ouvre sur un balcon qui donne sur la mer. A droite et à gauche sont des portes conduisant à d'autres appartemens.

SCÈNE Ire.

CÉCILIA, ANTONIO, PIETRO, Villageois et Domestiques de Zametti.

(*Au lever du rideau, Cécilia est évanouie; les Villageoises lui prodiguent des secours. Antonio est auprès d'elle, et baise, en pleurant, une de ses mains.*)

PIETRO.

Pauvre Demoiselle! dans quel état!.... mais ce n'est pas étonnant, tout ce qui s'est passé était bien fait pour lui tourner les sens.

ANTONIO.

Bonne amie, bonne amie, réponds-moi donc?

PIETRO, *à part.*

Ah! ben oui; j'ai bien peur maintenant qu'elle ne nous réponde jamais.

SCÈNE II.

Les Précédens, JANSKIN.

JANSKIN, *entrant précipitamment.*

Eh bien, mes amis, comment se trouve-t-elle? Eh quoi? elle n'a point encore repris l'usage de ses sens. Chère Cécilia! aurai-je donc aussi ta mort à déplorer? celle de mon père n'est-elle pas déjà un malheur assez grand.

ANTONIO, *avec joie.*

Ah! mon Dieu! je ne me trompe pas, sa main vient de serrer la mienne.

JANSKIN, *se rapprochant avec tout le monde.*

Serait-il possible?

PIETRO.

Oui, oui, Dieu soit loué, elle revient à elle.

JANSKIN.

Silence, mes amis.

CECILIA, *revenant à elle peu à peu.*

Où suis-je?.... quel rêve affreux ai-je fait? Mais comment

se fait-il?.... cet habit de fête..... Antonio.... mon frère..... mes amis, au nom du ciel, dissipez mon effroi; pourquoi me trouvé-je ici ?.... Vous ne répondez pas.... oh! je ne le vois que trop, ce n'était point un songe, et je n'ai plus de père.

JANSKIN.

Du courage, chère Cécilia, il m'en faut aussi pour supporter ce coup affreux.

CÉCILIA.

Il est donc vrai !..... mon père !.... je ne te verrai plus.

ANTONIO.

Allons, bonne amie, ne pleure pas comme cela.

CÉCILIA.

Zametti..... je ne le vois pas; pourquoi donc n'est-il pas auprès de nous?

JANSKIN.

Peut-être il n'ose s'offrir à tes regards; n'est-il pas la cause de tous nos maux? n'est-ce pas lui qui a attiré sur ce pays et sur nous le malheur et la désolation ?.... aussi, est-il maintenant pour tout le monde, un objet d'horreur.

SCÈNE III.

Les Mêmes, ZAMETTI.

(Zametti arrive par le fond. A son aspect, les Villageois s'éloignent épouvantés.)

UN VILLAGEOIS.

Le voici ! fuyons !....

ZAMETTI.

Oui, vous devez me haïr; votre ressentiment est juste; mais bientôt vous n'aurez plus rien à redouter, bientôt vous serez délivrés de ma présence..... Piétro !

PIETRO, *n'osant pas approcher.*

Seigneur!....

ZAMETTI.

Conduis-les dans la grande salle du château; c'est là que, dans quelques instans, j'irai leur faire connaître mes dernières intentions.

TOUS LES VILLAGEOIS.

Qu'il parte ! qu'il s'éloigne !....

JANSKIN.

Ses bienfaits porteraient malheur.

(Clameur générale. Les Villageois s'éloignent, suivis par Piétro, auquel Zametti donne l'ordre d'emmener son fils.)

SCÈNE IV.

ZAMETTI, CÉCILIA, JANSKIN.

JANSKIN.

Zametti, tu le vois, la haine, l'exécration de tous les tiens, voilà le prix de ta coupable conduite, voilà les effets de ton funeste aveuglement.

ZAMETTI.

Par pitié, Janskin, ne m'accable pas, épargne un malheureux.....

JANSKIN.

T'épargner !.... Ton crime a brisé tous les liens qui nous unissaient..... N'espère pas que ma sœur et moi te pardonnions jamais.

ZAMETTI.

Vous aussi, chère Cécilia, vous pourriez être insensible aux douleurs d'un infortuné.....

CÉCILIA.

Ah ! laissez-moi pleurer mon père !....

ZAMETTI.

Hélas ! que me rappelez-vous ? Moi aussi, je le chérissais ; moi aussi, je le nommais mon père ; le ciel m'en est témoin, je donnerais à l'instant ma vie pour racheter ses jours... et je suis la cause de sa mort !.... Je le sens, vous ne pouvez plus maintenant me voir qu'avec horreur ; mais laissez-moi du moins l'espoir que je pourrai vous fléchir un jour ; c'est la seule consolation qui puisse rester à mes infortunes : Cécilia, voudriez-vous m'en priver ?

CÉCILIA.

Que me demandez-vous ?.... Cruel, qu'avez-vous fait ? Je vous aimais, et mon bonheur était de vous appartenir ; avez-vous pu détruire de si douces espérances, et faire d'un jour de bonheur, un jour de deuil et de désolation.

ZAMETTI.

Ah ! ne me reprochez pas mon crime ; le ciel m'en a déjà trop cruellement puni ; mais, pour expier ma faute, pour essayer de la réparer, il n'est pas de sacrifice que je ne sois prêt à accomplir : Cécilia, je vais me séparer de vous, je vais fuir loin de ces lieux ; c'est l'unique moyen d'attirer sur moi seul tous les dangers et d'en préserver les êtres qui me sont chers; peut-être mon repentir et mes souffrances parviendront-ils à appaiser le courroux céleste ; peut-être me sera-t-il permis un jour de revenir à vos pieds implorer mon pardon.

JANSKIN.

Malheureux ! quand tu pourrais l'espérer, n'as-tu pas à craindre que le Monstre ne reparaisse en ces lieux, qu'il n'y vienne bientôt apporter de nouveaux malheurs ou chercher de nouvelles victimes ?

ZAMETTI.

Non, c'est partout où je suis qu'il porte ses fureurs : que je m'éloigne, le péril aura disparu; mais, avant de partir, avant de vous faire peut-être un dernier, un éternel adieu, chère Cécilia, n'accorderez-vous aucune pitié, ne laisserez-vous aucun espoir au plus infortuné des hommes ?

CÉCILIA.

Hélas ! vous vous êtes joué de ma tendresse..... vous ne demandiez au ciel, me disiez-vous, que le bonheur d'être uni à moi pour jamais : et cependant d'autres vœux occupaient votre ame, Cécilia n'était pas tout pour vous. En écoutant vos désirs insensés, vous saviez à quels dangers vous exposiez votre amie, et cette pensée n'a pu vous arrêter !.... Cruel, était-ce donc ainsi que vous deviez récompenser mon amour !....

ZAMETTI.

C'est l'amour même qui m'a rendu coupable : c'était vous seule qui animiez mes travaux. Unique objet de toutes mes pensées, je voulais vous élever au-dessus de toutes les mortelles..... ah ! si mon erreur vous a été fatale, ce n'est pas à vous peut-être de m'en punir..... Cécilia, Janskin, voyez mes larmes, mon désespoir.... Suis-je donc aussi pour vous un objet d'horreur et d'effroi ?....

JANSKIN, *entraîné malgré lui, pressant Zametti dans ses bras.*

C'est trop longtemps résister aux cris de ton repentir !... Si nous l'abandonnons, qui l'aimera sur la terre ! Cécilia, tu ne peux le haïr ?

CÉCILIA, *abandonnant sa main à Zametti.*

Le haïr !.... hélas ! il sait trop quel empire il exerçait sur ce cœur qu'il a déchiré.

ZAMETTI, *avec transport.*

Vous me pardonnez !..... aimé de vous, je puis supporter l'existence.

JANSKIN.

Zametti, tu retrouves en moi un ami dévoué, un frère : mais j'exige que tu exécutes le projet que tu as conçu. Quitte ces lieux pour quelque temps : il le faut.

ZAMETTI.

J'y consens. Dès ce soir même je pars, et je ne reviendrai en ces lieux que digne de vous.

SCÈNE V.

Les Mêmes, PÉTRUSCO.

PETRUSCO, *accourant en désordre.*

Les sbires auxquels nous avions échappé deux fois, ont découvert nos traces.

JANSKIN.

O ciel !

PETRUSCO.

Sachant que nous nous sommes renfermés avec toi dans ce château, déjà ils l'entourent de toutes parts : j'ai refusé de leur en ouvrir les portes ; ils menacent de les assiéger. C'est en toi seul qu'est notre espoir. Que devons-nous faire ?

JANSKIN.

Vaincre ou mourir!

CÉCILIA.

O mon frère! crains d'opposer une vaine résistance !

ZAMETTI.

Je te suivrai, Janskin, et, le fer à la main, nous saurons repousser d'odieux émissaires.....

PETRUSCO.

Ils sont armés contre vous-même, Zametti, contre vous à qui nous devons surtout les dangers qui nous menacent.

ZAMETTI.

Moi !

PETRUSCO.

Vous, désormais l'horreur de ces contrées, vous, dont la science criminelle a attiré la foudre sur nos têtes.

JANSKIN.

Silence, ami : ces reproches sont maintenant inutiles ; il s'agit du salut commun.

CÉCILIA.

O comble d'infortunes !

ZAMETTI.

C'est peut-être moi seul qu'ils demandent.... Eh bien, je vais leur livrer l'exécrable auteur de vos misères !....

JANSKIN.

Non, reste auprès de ma sœur.... ton devoir est de la défendre : elle n'a plus que toi pour appui.....

ZAMETTI.

Hélas !

CÉCILIA.

Cédez à ses conseils !....

ZAMETTI.

Qu'exigez-vous ?... mais, oui... (*A Cécilia, avec une sorte d'égarement.*) C'est sur vous que je dois veiller..... Il veille aussi peut-être autour de nous, cet ennemi plus terrible à lui seul que tous ceux qui nous assiègent.... Pars, Janskin.... je te rejoindrai bientôt. (*A Cécilia.*) Et vous, mon amie, suivez-moi..... (*Il la conduit vers son appartement.*)

CÉCILIA, *prenant la main de Zametti et celle de Janskin ; à l'un et à l'autre.*

Mon sort est fixé, ne l'oubliez pas..... l'instant de votre perte sera celui de ma mort !

JANSKIN.

Va, tout n'est point encore désespéré..... adieu, je vole au combat.

(*Janskin tire son épée, et sort précipitamment avec Pétrusco, Zametti entre dans l'appartement qui est à droite, avec Cécilia.*)

SCÈNE VI.

LE MONSTRE.

A peine les personnages de la scène précédente sont-ils sortis que le Démon paraît ; il montre sa blessure, exprime la douleur qu'elle lui cause, et jure d'en tirer vengeance. Après différens jeux de scène, il entend du bruit, aperçoit Antonio qui vient du côté gauche avec Piétro, exprime une joie infernale à l'aspect de l'enfant et se cache.

SCÈNE VII.

PIETRO, ANTONIO, LE MONSTRE, *caché.*

(*Piétro et Antonio entrent en se disputant.*)

PIETRO, *tirant l'enfant après lui.*

Je vous dis que vous viendrez avec moi.

ANTONIO.

Laisse-moi aller auprès de mon père.

PIETRO.

C'est votre père lui-même qui m'a ordonné de vous conduire dans l'autre aile du château, où nous aurons bien moins de dangers à craindre.

ANTONIO.

Des dangers, dis-tu? Mon bon père et Cécilia ne sont donc pas en sûreté? Oh! alors, je veux moins que jamais rester avec toi.

PIETRO, *d'un ton pleureur.*

Antonio, au nom du ciel, soyez raisonnable et obéissant. Ne faites pas de chagrin à votre pauvre Piétro : il en a bien assez comme ça; et puis, ce serait affliger aussi votre père, mon excellent et malheureux maître.

ANTONIO.

Oh! je t'en prie, laisse-moi le voir et l'embrasser encore une fois.....

PIETRO, *de même.*

Mon Dieu! mon Dieu! pouvez-vous être aussi obstiné que ça! On vous a confié à ma garde, et vous me suivrez... S'il vous arrivait quelque malheur, que deviendrai-je, moi!....

ANTONIO, *se débattant.*

Non! non! (*montrant la porte à droite.*) Mon père est là avec Cécilia..... je veux rester auprès d'eux.

PIETRO.

Venez, venez!

ANTONIO, *s'arrachant des mains de Piétro, et courant vers la porte.*

Non! mon père! mon père!

(*Le Monstre, qui a paru vers le milieu de cette scène, et qui a suivi attentivement tous les mouvemens de l'enfant, s'empare de lui au moment où il passe en courant devant lui, met sa main sur sa bouche et le jette sur ses épaules. Piétro se retourne, le voit et jette un cri d'horreur.*)

PIETRO, *fuyant épouvanté.*

Au secours! au secours! (*Il se sauve.*)

SCÈNE VIII.

LE MONSTRE, ANTONIO, ZAMETTI.

ZAMETTI, *sortant de l'appartement de Cécilia, un pistolet à la main.* (*A Cécilia qu'on ne voit pas.*)

Restez, Cécilia..... (*A lui-même.*) Quel cri ai-je entendu ? (*Apercevant le Monstre.*) C'est lui !

ANTONIO.

Mon père ! mon père !....

ZAMETTI.

O désespoir ! mon fils ! (*Dirigeant son pistolet sur le Monstre.*) Arrête, Monstre exécrable !

(*Il va tirer. Le Monstre met l'enfant devant lui et l'oppose à l'arme qui le menace. Zametti est forcé d'épargner les jours du Monstre, pour le salut même de son fils*)

ZAMETTI, *éperdu, jette son pistolet par terre.*

Eh bien, non ! non ! tu n'as rien à craindre... mais rends-moi mon fils !.. (*Le Monstre lui exprime sa haine et son espoir de vengeance.*)

ZAMETTI, *tombant à genoux.*

Oui, j'ai été cruel envers toi..... Venge-toi sur moi seul ; je m'offre à tes coups..... mais, mon fils, épargne ses jours !....

(*Zametti, à genoux, implore la pitié du Montre ; tout-à-coup celui-ci disparaît à travers le mur avec l'enfant.*)

SCÈNE IX.

ZAMETTI, *seul.*

(*Au moment où le Monstre disparaît, Zametti pousse un cri déchirant.*)

Mon fils !.. il l'entraîne loin de moi !.. il va l'immoler à sa rage... Mon fils ! mon cher enfant ! et moi aussi, je suis ton assassin... (*Il tombe sur un siége.*)

SCÈNE X.

ZAMETTI, CÉCILIA.

(*Cécilia sort éperdue de son appartement.*)

CÉCILIA, *comme s'adressant à des serviteurs qu'on ne voit pas.*

Vous me retiendriez en vain... laissez-moi !... d'horribles clameurs sont venues jusqu'à moi..... (*Courant à Zametti.*) Zametti ! ô ciel !.. qu'est-il arrivé ?..

ZAMETTI, *la regardant d'un œil égaré.*

Que me voulez-vous ? fuyez ! c'est ici l'asile des furies ! fuyez, vous dis-je, ou vous allez être aussi sa proie !

CÉCILIA.

Quel délire ! Au nom du ciel, mon ami, répondez-moi...

ZAMETTI.

Que voulez-vous savoir?.. que je suis le plus malheureux des pères?.. Eh! bien, oui... le ciel que je voulais fléchir, a rejeté ma prière... il nous livre sans défense à mon horrible ennemi... Tenez!.. entendez-vous les derniers cris de mon enfant!..

CÉCILIA.

O ciel! Antonio...

ZAMETTI.

N'est plus!

CÉCILIA.

O désespoir!.. *(Elle tombe dans les bras de Zametti.)*
(Un bruit terrible se fait entendre.)

SCÈNE XI.

Les Mêmes, JANSKIN, PIETRO, PETRUSCO.

(Quelques Bohémiens et serviteurs du château, entrent en désordre.)

PIETRO, *entrant le premier.*

Tout est perdu! tout est perdu!..

JANSKIN, *entrant l'épée à la main.*

Je suis vaincu!.. la plupart de mes gens sont pris ou tués... Déjà les sbires sont maîtres de la première enceinte. Dans un moment ils seront ici....

CÉCILIA.

O mon Dieu! protége-nous!..

ZAMETTI.

Rassurez-vous, Cécilia; ils n'oseront vous arracher de mes bras!

JANSKIN.

C'en est fait, notre destinée s'accomplit. Quant à moi, un espoir me reste encore, ainsi qu'à ma sœur; un vaisseau monté par l'élite de mes Bohémiens est ici tout prêt à mes ordres. Mais, toi, Zametti, rappelle ton courage; c'est maintenant qu'il faut chercher un noble trépas.

ZAMETTI.

Je suis prêt!...

CÉCILIA.

Arrêtez!..

JANSKIN.

Il ne peut échapper à son sort...

CÉCILIA.

Quel est-il?

JANSKIN, *à Zametti.*

Accusé du crime de magie, le conseil des dix demande sa tête...

CÉCILIA.

Je me meurs!..

(Cécilia est tombée sans connaissance, Zametti accablé reste muet. Sur le côté droit de la scène, Janskin saisit ce moment pour relever sa sœur, et aidé des siens, l'emporte et sort par la gauche du théâtre. Tout le monde fuit épouvanté.)

SCÈNE XII.

ZAMETTI, *seul revenant à lui. Tout annonce l'égarement de ses esprits.*

Eh! bien l'enfer est-il content?... suis-je assez puni?... que veut-il de plus?... il demandait mon châtiment... mon châtiment est-il digne de son horrible joie?... (*avec un effrayant sourire.*) Son envoyé a bien rempli sa mission!... il m'a tout ravi, tout; fils, épouse, amis, j'ai tout perdu; je reste seul au monde.,. et je vis encore, et je souille encore ces lieux de ma présence!... Cécilia, Janskin, mon fils, c'est moi, moi qui vous ai conduits au tombeau!.. mais vous serez vengés!.. le conseil des dix demande ma tête!.. non, ce n'est pas sur un échaffaud que je dois finir ma vie... mon sort est attaché à celui de l'exécrable bourreau des tous les miens... Venez, venez! le Monstre appelle une dernière victime et je vais la lui livrer!...

SCÈNE XIII.

ZAMETTI, JANSKIN, Bohémiens.

JANSKIN.

Les sbires un moment repoussés, nous ont livrés un passage. Viens, malheureux, je puis encore te sauver.

ZAMETTI.

Cécilia, Cécilia!...

JANSKIN.

Elle t'attend, elle t'appèle; vois les éclairs, entends gronder la foudre, la tempête protègera notre fuite. Partons.

(Il l'entraîne. Ils sortent par la droite de la scène.)

SCÈNE XIV.

Le théâtre change et représente la vue extérieure du château de Zametti, situé au haut d'une montagne, sur les bords de la mer; des Bohémiens poursuivis par des sbires entrent en scène en désordre. Un combat s'engage, les Bohémiens vaincus par les sbires sont obligés de fuir.

SCÈNE XV et dernière.

Le théâtre change et représente une vue de l'Adriatique; un vaisseau au milieu des flots, est battu par une tempête violente; les voix des matelots se mêlent au sifflement des vents et aux éclats du tonnerre. Le plus grand désordre règne parmi l'équipage, au milieu duquel on remarque Zametti, Janskin et Cécilia.

JANSKIN, *avec un porte-voix.*

Mes amis, soutenez les voiles; Pétrusco, charge la sonde.

LE PILOTE.

Déblayez les huniers!

JANSKIN.

Déblayez les huniers!

CRIS CONFUS DES MATELOTS.

Nous sommes perdus.

JANSKIN.

Déployez la misaine, carguez la grand'voile.

(*On appercoit dans le fond sur un frêle esquif, le Monstre qui cherche à aborder le vaisseau. Cri d'épouvante de tout l'équipage.*)

Voici le Monstre!

(*Malgré une vive résistance, le Monstre parvient à s'élancer sur le navire; à peine y a-t-il mis le pied, que tous les matelots s'écartent épouvantés; la tempête redouble; des figures fantastiques paraissent à travers les nuages, le Monstre terrasse Zametti, l'immole, et tombe lui-même frappé de la foudre.*)

Tableau Général.

Fin du Troisième et dernier acte.

www.ingramcontent.com/pod-product-compliance
Ingram Content Group UK Ltd.
Pitfield, Milton Keynes, MK11 3LW, UK
UKHW022136170726
13837UKWH00004B/1606

9 782019 945909